BEI GRIN MACHT SICH IHR
WISSEN BEZAHLT

- Wir veröffentlichen Ihre Hausarbeit,
  Bachelor- und Masterarbeit

- Ihr eigenes eBook und Buch -
  weltweit in allen wichtigen Shops

- Verdienen Sie an jedem Verkauf

Jetzt bei www.GRIN.com hochladen
und kostenlos publizieren

Bibliografische Information der Deutschen Nationalbibliothek:

Die Deutsche Bibliothek verzeichnet diese Publikation in der Deutschen National-
bibliografie; detaillierte bibliografische Daten sind im Internet über http://dnb.d-
nb.de/ abrufbar.

Dieses Werk sowie alle darin enthaltenen einzelnen Beiträge und Abbildungen
sind urheberrechtlich geschützt. Jede Verwertung, die nicht ausdrücklich vom
Urheberrechtsschutz zugelassen ist, bedarf der vorherigen Zustimmung des Verla-
ges. Das gilt insbesondere für Vervielfältigungen, Bearbeitungen, Übersetzungen,
Mikroverfilmungen, Auswertungen durch Datenbanken und für die Einspeicherung
und Verarbeitung in elektronische Systeme. Alle Rechte, auch die des auszugsweisen
Nachdrucks, der fotomechanischen Wiedergabe (einschließlich Mikrokopie) sowie
der Auswertung durch Datenbanken oder ähnliche Einrichtungen, vorbehalten.

Impressum:

Copyright © 2011 GRIN Verlag, Open Publishing GmbH
Druck und Bindung: Books on Demand GmbH, Norderstedt Germany
ISBN: 9783640948987

Dieses Buch bei GRIN:

http://www.grin.com/de/e-book/173817/haskell-im-anschliessenden-vergleich-mit-
java

Malte Weiss

Haskell im anschließenden Vergleich mit Java

GRIN Verlag

GRIN - Your knowledge has value

Der GRIN Verlag publiziert seit 1998 wissenschaftliche Arbeiten von Studenten, Hochschullehrern und anderen Akademikern als eBook und gedrucktes Buch. Die Verlagswebsite www.grin.com ist die ideale Plattform zur Veröffentlichung von Hausarbeiten, Abschlussarbeiten, wissenschaftlichen Aufsätzen, Dissertationen und Fachbüchern.

Besuchen Sie uns im Internet:

http://www.grin.com/

http://www.facebook.com/grincom

http://www.twitter.com/grin_com

Haskell im anschließenden Vergleich mit Java

Malte Weiß

Jahrgangsstufe 12

Immanuel - Kant - Gymnasium

Informatik GK

2011

Einleitung

Auf den folgenden Seiten werde ich auf die wesentlichen Bestandteile der Programmiersprache Haskell eingehen und diese kurz an Beispielen verdeutlichen. Dabei werde ich gegebenenfalls auf Ähnlichkeiten mit der Sprache Java eingehen und beide Sprachen nochmals gezielt am Ende gegenüberstellen.

Teil 1: Programmiersprachen

1. Haskell

1.1 Allgemeines

Haskell ist eine nach dem Mathematiker und Logiker "Haskell Brooks Curry" benannte **rein funktionale Programmiersprache** von 1990. Wie die meisten funktionalen Programmiersprachen **basiert Haskell auf dem Lambda-Kalkül**, weshalb das Lambda-Zeichen auch als Logo festgelegt wurde.[7] Anfangs sollte Miranda als Grundlage dienen, jedoch waren die Entwickler nicht gewillt, den Quellcode freizugeben[4]. Ein Haskell-Programm ist im Gegensatz zu imperativen Programmiersprachen eine einzige Kette von Ausdrücken, die nach der Auswertung einen Ergebniswert liefert. Es **besteht also ausschließlich aus Funktionen**. Nach dem Lambda-Kalkül können jegliche Ausdrücke durch „Reduktionen" bis zu den elementaren Ausdrücken hin vereinfacht werden[4]. Ausdrücke sind jegliche Stücke von Code, die einen Wert zurückgeben. Außerdem ist Haskell **stark statisch typisiert**, was bedeutet, dass jedem Ausdruck genau ein Typ zugewiesen wird, welcher bereits beim Kompilieren bekannt ist. Dadurch werden mögliche Fehler übergangen. Dies kann auch durch „**type interference**" - Haskell kann also selbst auf einen Typ schließen, sodass man diesen nicht selbst bestimmen muss. Da bei der Eingabe von gleichen Argumenten die Rückgabe immer gleich ist, **hängt der Ergebniswert ausschließlich von den Parametern ab**. Es gibt also keine Zustandsvariablen. Haskell hat unter anderem Python und Scala beeinflusst.

1.2 Programmieren in Haskell

1.2.1 Datentypen

Die **Datentypen** für natürliche Zahlen sind in Haskell Int (begrenzte Größe) und Integer (unbegrenzte Größe). Für Kommazahlen sind diese Float und Double (größer). Genau wie in Java gibt es Bool mit den Wahrheitswerten True und False und Char und String zur Darstellung von Buchstaben und Wörtern.

Um **eigene Datentypen** zu definieren, verwendet man den Befehl **data**:
data <Datentyp> = <Wertkonstruktor1> | <Wertkonstruktor2> | ...
Wertekonstruktoren sind Funktionen, weshalb diese auch Parameter bekommen können: data Form = Kreis Float | Rechteck Float Float | Quadrat Float
Man sollte sie nicht mit den Konstruktoren in der Programmiersprache Java vergleichen, in der sie dazu da sind, ein Objekt zu initialisieren; man definiert unterschiedliche Strukturen des gleichen Datentyps. Ein häufig verwendeter Datentyp ist Maybe a, vordefiniert als: data Maybe a = Nothing | Just a
Er wird verwendet, wenn der Rückgabewert garnichts, also Nothing sein kann. Ansonsten ist er Just <Datentyp>.

Will man klarer machen, welcher Typ wofür steht oder will man auf die einzelnen Elemente zugreifen, ist der „**record syntax**" sehr hilfreich:
data Lehrer = Lehrer {vorname :: String,
                      nachname :: String,
                      fach :: String} deriving (Show, Read)
Durch deriving (Show, Read) ist der Typ Lehrer eine Instanz der Typklasse Show und Read. Da Lehrer jetzt ein Teil dieser Klassen ist, kann er durch show als String dargestellt und durch read von seiner Stringdarstellung wieder in einen Datentypen umgewandelt werden.
meinLehrer = Lehrer {vorname = "unbekannt",
                     nachname = "Ortmann",
                     fach = "Informatik"}

1.2.2 Typ - Synonyme

Durch Typ-synonyme ist String als Liste von Char definiert (type String = [Char]). Man erzeugt damit keine neuen Typ, sondern lediglich ein Synonym für existierende Typen, um somit den Code lesbarer zu machen. Würde man viel mit Vektoren oder Paaren(2-Tupeln) arbeiten, könnte man diese so definieren:

1. type Vektor = [Double]   2. type Paar a b = (a, b)

1.2.3 Grundlagen der Funktion

Funktionen werde durch Gleichungen definiert und Parameter durch Leerzeichen voneinander getrennt: addieren x y = x + y

Es ist **egal, in welcher Reihenfolge Funktionen definiert werden**. Da Haskell rein funktional ist, sind auch Operatoren wie (+) solche.

Die Syntax einer **Funktionssignatur** ist wie folgt:

Funktionsname :: Typ_1 -> ... -> Typ_n -> Typ_ergebnis

addieren :: (Num a) => a -> a-> a

a = **Typen-variable** der **Typklasse** Num. Funktionen mit Typen-variablen werden **polymorphe Funktionen** genannt, solche ohne diese **monomorph**. Durch die Typklasse Num wird a auf Zahlen eingeschränkt. Ohne Typ-variablen könnte man es auch so schreiben: „addieren :: Int -> Int-> Int". Dann könnte man die Funktion allerdings nur mit Zahlen des Typs Int aufrufen.

Zweistellige Funktionen können nicht nur in **Präfixnotation**, sondern auch in **Infixnotation** geschrieben werden. Bspw. kann addieren 2 3 auch als 2 'addieren' 3 geschrieben werden. In Haskell bindet Funktionsanwendung am stärksten:

(head [3,4]) + (max 3 42) == head [3, 4] + max 3 42

„+" hat einen niedrigeren Präzedenzwert als head und max (Werte werden von 1 bis 9 vergeben).

1.2.4 Typklassen:

Typklassen sind den Java Interfaces ähnlich[1]. Sie haben jedoch nichts mit den Klassen in Java gemeinsam. Es gibt in Haskell Num für alle Zahlen, Integral für ganze Zahlen und Floating für Komma-zahlen. Int ist eine **Instanz** der Klasse Num, da diese das Verhalten von Int definiert. Von der Typklasse definierte Funktionen können mit dem instanziierten Typ benutzt werden. Typen der Klasse Ord können geordnet werden und Typen der Klasse Enum sind sequentiell geordnete Typen. Dann gibt es noch die Typklassen Bounded (für Typen mit einer unteren und oberen Grenze), Eq (en.:equality, alles was auf Gleichheit getestet werden kann), Show für als String darstellbare Typen und das Gegenteil von Show: Read. Das waren natürlich nicht alle, es gibt zum Beispiel noch die **Functor** Typklasse. Funktoren sind Dinge, über welche gemappt werden kann.

Man kann auch **eigene Typklassen** definieren (Functor ist so definiert):
```
class Functor f where        -- f /= Typenvariable, sondern ein Typen-
    fmap :: (a -> b) -> f a -> f b   -- Konstruktor, welcher einen Parameter nimmt
```

Teil der Klasse Functor ist z.B. die Liste. Die leere Liste [] ist ein Typenkonstruktor. Muss a eine Instanz einer bestimmten Typklasse sein bevor man diese der gewollten instanziieren kann, kann man dies durch eine **Klassenbeschränkung** tun: class (Eq a, Show a) => Num a where …
Eq und Show sind dann also Unterklassen der Typklasse Num.

Man kann nicht nur durch deriving Typen instanziieren, sondern auch per Hand:
```
instance (Eq m) => Eq (Maybe m) where        -- m ist Teil der Typklasse Eq
    Just x == Just y = x == y
    Nothing == Nothing = True
    _ == _ = False
```

1.2.5 Die Liste

Alle Elemente einer **Liste** müssen vom gleichen Typ sein. Sie können dank "lazy evaluation" unendlich lang sein. Lazy evaluation bedeutet, dass Ausdrücke nur bei Bedarf ausgewertet werden. Die ersten 20 Elemente einer unendlich langen Liste mit ausschließlich gerade Werten (möglich mit Zahlen und Char): „take 20 [2, 4..]".

Eine Funktion, die die ersten Elemente zweier Listen aneinander hängt:

konkateniereLiKo :: [a] -> [a] -> [a]

konkateniereLiKo x y = head x : head y : []

Mit „:" kann man ein Element an den Anfang einer Liste setzen, mit „++" werden 2 Listen konkateniert. „++" kann bei längeren Listen langsam sein, da zuerst die ganze erste Liste durchlaufen werden muss.

Statt „head" hätte man auch !!0 nehmen können. Der !! - Operator gibt das Element einer Liste an der angegebenen Position zurück.

Listen können auch verglichen werden. So gibt z.B. „[1, 2, 3] < [3, 2, 1]" „true" zurück, da von vorne nach hinten verglichen wird und 3 nun mal größer als 1 ist.

In dem Buch „Learn You a Haskell for Great Good!" ist der **algebraische Datentyp** Liste zur Veranschaulichung so definiert:

> data List a = Empty | Cons
>
> {listHead :: a, listTail :: List a} deriving (Show, Read, Eq, Ord)   -- cons = :

Wollte man alle quadrierten x von 1 bis 100, bei denen durch 2 geteilt kein Rest übrig bleibt, könnte man „**list comprehension**" verwenden:

[x^2 | x <- [1..100], mod x 2 == 0]

1.2.6 Bytestrings

Jedes Element einer Liste wird **nur ausgewertet, wenn es benötigt wird**, was manchmal ziemlich langsam sein kann. Deshalb gibt es in Haskell als **Alternative zu Listen** sogenannte **Bytestrings**. Diese gibt es in der Form **strict und lazy**. Bei den strikten wird direkt alles ausgewertet, es gibt keine Bedarfsauswertung. Lazy Bytestrings werden in einzelnen Blöcken mit Größen von jeweils 64k ausgewertet.

1.2.7 Das Tupel

Im Gegensatz zu der Liste kann ein **Tupel** Elemente verschiedener Typen enthalten. Der Typ eines Tupels ist bestimmt durch die Anzahl und die Typen seiner Elemente. *(„hallo", 1)* hat zum Beispiel einen anderen Typ als *(1, „hallo")*. Deswegen gibt es für Tupel auch nicht so viele Funktionen. Ein 3-Tupel hat einen anderen Typ als ein 2-Tupel. Deshalb kann können *fst und snd* nur mit 2-Tupeln benutzt werden. Mit der Funktion zip kann man 2 Listen zusammenfügen, so dass zip [„Vorwahl", „Telefonnummer"] [0231, 2564675] eine Liste mit 2 Tupeln [(„Vorwahl", 0231), („Telefonnummer, 2564675)] wiedergibt. Um 3 Listen zusammenzufügen wird deshalb auch eine andere Funktion (zip3) benötigt, deren Rückgabewert eine Liste von 3- und nicht von 2-Tupeln ist.

1.2.8 If – else, Guards und lokale Funktionen

If - else und **Guards** haben in Haskell einen ähnlichen Zweck. If – else ist ein Ausdruck, und kann deshalb fast überall verwendet werden. Deshalb muss – im Gegensatz zu Java - **else immer einen gültigen Wert liefern**.
Guards sind dafür besonders bei mehreren Abfragen die bessere Wahl.

```
zeigeGr :: (Ord a) => a -> a -> a          zeigeGr :: (Ord a) => a -> a -> a
zeigeGr x y = if x > y then x else y        zeigeGr x y | x > y = x
                                                        | otherwise = y
```

Zum Definieren von **lokalen Funktionen** gibt es in Haskell 2 Möglichkeiten. Zum einen das **where - Konstrukt**, zum anderen den **let - in Ausdruck**. Let – in ist lokaler als where; während where an das Ende einer Funktion gestellt wird und die ganze Funktion umfasst, z.B. Guards, werden let – in Ausdrücke an den Anfang gestellt. Die nach let definierten Funktionen gelten nur in in.

```
hallo = let name = "Ortmann" in "Hallo " ++ name      -- ist das Gleiche wie
hallo' = "Hallo " ++ name where name = "Ortmann"
```

1.2.9 Funktionen höherer Ordnung

Variablen sind in Haskell lediglich Funktionen ohne Parameter. So können auch **Funktionen als Parameter** für andere Funktionen benutzt werden, welche dann **Funktionen höherer Ordnung** genannt werden. Häufig benutzte Funktionen höherer Ordnung sind unter anderem map, filter und foldr.

Lambdas werden normalerweise benutzt, wenn man eine Funktion nur einmal benötigt, wenn man diese einer anderen übergeben will: f p = e   <=>   f = \p -> e

Die Funktion **map** nimmt eine Funktion und eine Liste und wendet diese Funktion auf alle Elemente dieser an. Wollte man also z.B. für jeden Wert von 1 bis 10 wissen, ob er gerade ist, könnte man dies so tun:

abfrageGerade = map (\x -> not (odd x)) [1..10]

Mit dem **Kompositionsoperator** (gleicht der mathematischen Komposition) könnte man es auch so schreiben: abfrageGerade = map (not . odd) [1..10]

1.2.10 Curry

In Haskell nimmt jede Funktion nur einen Parameter. Durch das sogenannte **Currying** ist das jedoch sogar ein Vorteil; nimmt man eine Funktion, die z.B. 4 Zahlen miteinander summiert sieht es so aus, als würde diese 4 Variablen nehmen und diese Summieren.

```
sum4 :: (Num a) => a -> a -> a -> a -> a
sum4 a b c d = a+b+c+d
```

Sie nimmt jedoch nur eine, in diesem Beispiel a. Diese gibt eine neue Funktion wieder, welche wiederum eine Variable nimmt (b) und eine Funktion wiedergibt, die wiederum eine Variable nimmt und eine Funktion wiedergibt... Deshalb könnte man es auch wie folgt schreiben: sum4 :: (Num a) => a -> (a -> (a -> (a -> a)))

Der Vorteil liegt darin, dass man somit durch zum Teil angewandte Funktionen einfach neue definieren kann:

```
sumMit3 :: (Num a) =>  a -> a -> a -> a
sumMit3 = sum4 3
```

1.2.11 Pattern matching

„Pattern matching" (engl. für Musterabgleich) bedeutet, dass Gleichungen von oben nach unten überprüft und nur ausgewertet werden, wenn das Muster passt. Dabei wird der übergebene Wert mit dem Wertekonstruktor verglichen.

trinkeVolvic "ja" = "Ich trinke Volvic"

trinkeVolvic "nein" = "Ich trinke kein Volvic"

trinkeVolvic _ = "Dann kann ich es auch nicht wissen"

„_" Wird verwendet, da die Funktion nicht von der Eingabe abhängt.

Eine vereinfachte Schreibweise für pattern matching ist der **case** – Ausdruck:

case <Ausdruck> of <Muster> --> <Ergebnis>

trinkeVolvic x = case x of "ja"   -> "Ich trinke Volvic"

"nein" -> "Ich trinke kein Volvic"

_   -> "Dann kann ich es auch nicht wissen"

1.2.12 Rekursion

Statt Schleifen wird in Haskell **Rekursion** benutzt. Schleifen sind nicht möglich, da in Haskell nur definiert wird was etwas ist, nicht wie man etwas bekommt. Die folgende Funktion summiert alle Zahlen einer Liste:

addiereListe :: (Num a) => [a] -> a

addiereListe [] = 0   -- Abbruchbedingung

addiereListe (x:xs) = x + addiereListe xs   -- x = Kopf der Liste, xs = Rest

Würde man keine Abbruchbedingung angeben, würde es zu einem Fehler kommen, da x nur einen Wert annehmen kann. Wenn der Nachfolger eine leere Liste ist, wird einfach 0 wiedergegeben und die Rekursion somit beendet.

Man könnte die Funktion natürlich auch noch anders definieren, zum Beispiel durch die Funktion höherer Ordnung **foldl** (falten von links). Prof. Dr. Peter Padawitz der TU Dortmund hat diese Funktion zur Verdeutlichung so definiert:

foldl :: (a -> b -> a) -> a -> [b] -> a

foldl f a (b:s) = foldl f (f a b) s

foldl _ a _   = a

Foldl nimmt also das zweite Argument(a) und das erste Element der Liste(b) und wendet die Funktion(f) auf diese an. Danach wird wieder foldl aufgerufen, welche das Ergebnis und das zweite Element der Liste(s) als Parameter bekommt. Mit dieser Funktion könnte man addiereListe so definieren:

```
addiereListe :: (Num a) => [a] -> a
addiereListe = foldl (+) 0
```

Durch Currying entfällt die Angabe der Liste (die Funktion (+) nimmt einen Wert (0) und gibt eine Funktion zurück, welche eine Liste benötigt).

1.2.13 Module

Ein einem Haskell **Modul** sind verwandte Funktionen, Datentypen, Typen und Typklassen enthalten. Durch Module wird ein Programm in Namensräume unterteilt und abstrakte Datentypen geschaffen. Man kann eines durch „Import <Modulname>" importieren und das darin enthaltene danach nutzen. Eigene Module kann man erstellen durch: module <Modulname> (<f1>, <f2>, …) where Nur was exportiert wurde (f1, f2...) kann genutzt werden.

1.2.14 Ein- und Ausgabe

Da eine Haskell-Funktion keine Zustände ändern kann gibt es dafür die Monade Ein- und Ausgabe. Es trennt den reinen vom unreinen Code. Es ist guter Stil, Funktionen mit Seiteneffekten möglichst kurz zu halten, Berechnungen also in seiteneffektfreien Funktionen zu definieren. Dadurch kann der seiteneffektfreie Teil einzeln analysiert und getestet werden. Der Programmeinstiegspunkt ist main. Main hat die Typsignatur main :: IO <konkreter Typ>. Der konkrete Typ von Main wird durch den Typ der letzten I/O Aktion bestimmt.

```
main = do
    putStrLn "Hallo, was haben Sie heute morgen gegessen?"
    essen <- getLine      -- fragt Eingabe vom Benutzer ab, speichert diese in essen
    if null essen         -- falls nichts eingegeben
```

```
then return ()        -- gebe I/O Aktion zurück, die nichts tut
else do
    putStrLn ("Ui, " ++ essen ++ " ist aber lecker!")
```

Da das Ergebnis der I/O Aktion getLine an essen gebunden wurde, ist es vom Typ String und kann als ein solcher übergeben werden. Die Funktion return hat nichts mit dem return aus Java zu tun, sondern wandelt lediglich einen puren Wert in eine I/O Aktion um. Die letzte Aktion ist der Auftrag putStrLn mit dem Ergebnistyp (), sodass der Typ von Main IO () ist.

Es gibt auch I/O-Funktionen, die nach dem Prinzip der lazy evaluation operieren, wie zum Beispiel getContents. Durch Inhalt <- getContens wird nicht der gesamte Inhalt gespeichert sondern gewartet, bis er benötigt wird und dann Stück für Stück eingelesen.

1.2.15 Exceptions

Es gibt in Haskell für Exceptions keinen speziellen Syntax, wie es in Java der Fall ist. Fehlschlagende Funktionen im puren Teil fallen nur auf, wenn die Funktionen im I/O-Teil ausgewertet werden. Da man den I/O-Teil jedoch möglichst kurz halten will, sollte man im seiteneffektfreien Teil stattdessen Typen wie Either oder Maybe benutzen. Einige Funktionen von System.IO.Error wie isPermissionError geben True oder False zurück, je nachdem ob der abgefragt Fehler eintritt. Die Funktion catch nimmt eine I/O Aktion wie das Öffnen einer Datei und eine Funktion. Falls die I/O Aktion eine Exception ist, wird diese Funktion aufgerufen (welche dann entscheidet, wie es weitergehen soll).

2. Allgemeines über Java

Java wurde von Sun Microsystems entwickelt und ist 1995 erschienen. Es ist eine imperative Programmiersprache, was bedeutet, dass ein Programm als Abfolge von abzuarbeitenden Anweisungen verstanden wird. Java ist objektorientiert, also wird alles in Objekten zusammengefasst und somit nach außen hin abgekapselt.

Die Programmiersprache ist streng und größtenteils typisiert und der Quellcode wird interpretiert. Java wurde unter anderem von C++ und Smalltalk beeinflusst.

Teil 2: Vergleich

	Haskell	Java
funktional/imperativ	funktional	imperativ
kompiliert/interpretiert	kompiliert	interpretiert
Einsatzbereich	allgemein[6]	allgemein; kann nicht auf Hardware zugreifen, also Probleme bei der Systemprogrammierung
Leistungsfähigkeit	Effizienz ähnlich[14], weniger Kontrolle darüber[6]	Mehr Kontrolle
Länge, Lesbarkeit	Kurz, lesbar[6]	Länger, schwerer zu lesen
Plattformabhängigkeit	plattformunabhängig	Größere Plattformunabhängigkeit
Fehleranfälligkeit	Fehlerunanfällig (keine Seiteneffekte, Unterteilung auf „Minifunktionen", leichteres Testen)	Etwas anfälliger
Polymorphismus, Datenabkapselung	Stärkerer Polymorphismus (Funktionen höherer Ordnung, parametisierte algebraische Datentypen, Typklassen) [6]	Durch Objektorientierung, schwächer[6]
Seiteneffekte	Keine Seiteneffekte (Funktionen geben bei gleichen Eingangsparametern immer gleiche Werte aus, es gibt keine Zustandsänderung)	Ja
Typisierung	Streng, statisch (verhindert Laufzeitfehler); Typen müssen meist nicht	Streng, größtenteils statisch

	angegeben werden, da dies durch „type interference" automatisch getan wird	
Verwaltbarkeit, Wiederverwendbarkeit	Algebraische Datentypen und Typ-synonyme	Objektorientierung
Typsicherheit	typsicher	durch Generics
Striktheit	nicht-strikt	strikt
Bibliotheken	Kleinere Community, Bibliotheken sind in manchen speziellen Aufgabengebieten nicht sonderlich umfangreich, darunter zum Beispiel die der Spielprogrammierung	sehr beliebt, viele Bibliotheken
Auswertung von Ausdrücken	Lazy evaluation (werden nur soweit wie nötig ausgewertet, bringt Zeitersparnis ein und ermöglicht unendliche Datenstrukturen)	direkt
Ausführung	nichts benötigt	benötigt Laufzeit-Umgebung
Garbage Collector	Ja	Ja
Multithreading	Ja	Ja
Exceptions	Ja	Ja

Schluss

Ich habe versucht, die wichtigsten Punkte der Programmiersprache Haskell abzudecken, weshalb so manche Erklärung vielleicht etwas kurz ausgefallen ist. Ich hoffe jedoch, dass es trotzdem größtenteils verständlich war. Weiterführend müssten noch applikative Funktoren, Monoide und Monaden geklärt werden. Da Input/Output ziemlich wichtig ist aber nur knapp erklärt wurde, habe ich als Beispiel ein kleines Pong Spiel beigelegt, welches ich ziemlich gründlich kommentiert habe. Da es nicht wirklich viel Logik benötigt, besteht es größtenteils aus I/O. Ich habe es auf Grundlage des FunGEn (Game Engine) Beispiels programmiert. Zusätzlich habe ich noch einen binären Suchbaum programmiert, an dem funktionales Programmieren in Haskell verdeutlicht werden soll.

Literaturverzeichnis

[1] Learn You a Haskell for Great Good!

[2] Real World Haskell

[3] Eine Einführung in die Programmiersprache Haskell

Christopher Bertels

Seminar Programmiersprachen SS 2008

Fachbereich Mathematik/Informatik

Universität Osnabrück

[4] Haskell, eine rein funktionale Programmiersprache

Ingo Blechschmidt

[5] http://msdn.microsoft.com/en-us/library/bb669144.aspx

[6] http://haskell.org/

[7] http://de.wikipedia.org/

[8] Haskell - kurz und schmerzlos (Uni Karlsruhe, Martin Lösch)

[9] Funktionale Programmierung: Haskell (Wolf-Ulrich Raffel, Humboldt-Universität zu Berlin)

[10] http://ddi.cs.uni-potsdam.de/

[11] http://www.infosun.fim.uni-passau.de/cl/sommercamp2005/haskell.pdf

[12] http://ais.informatik.unifreiburg.de/teaching/ws06/info1/material/17_haskell/17_haskell-4up-new.pdf

[13] Java ist auch eine Insel

Galileo Computing

Christian Ullenboom

[14] http://shootout.alioth.debian.org/

BEI GRIN MACHT SICH IHR WISSEN BEZAHLT

- Wir veröffentlichen Ihre Hausarbeit,
  Bachelor- und Masterarbeit

- Ihr eigenes eBook und Buch -
  weltweit in allen wichtigen Shops

- Verdienen Sie an jedem Verkauf

Jetzt bei www.GRIN.com hochladen und kostenlos publizieren